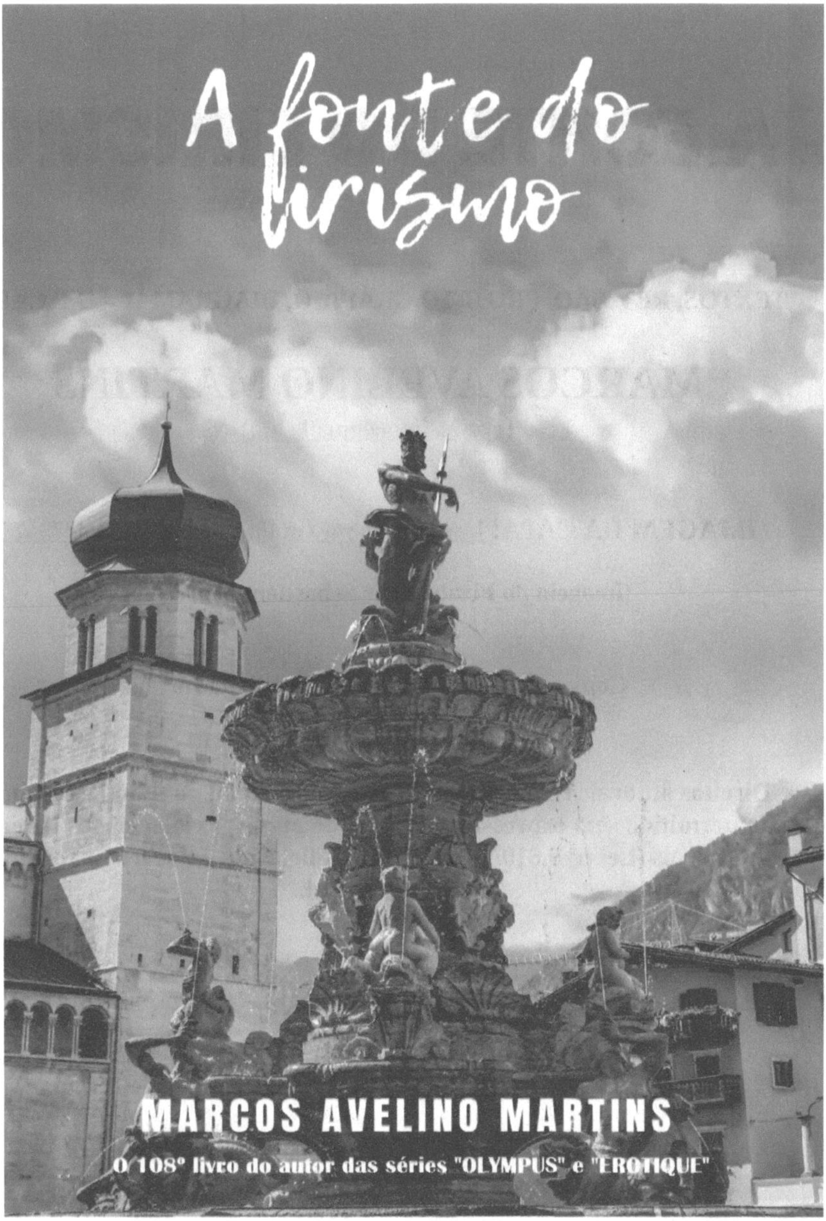

A fonte do lirismo

MARCOS AVELINO MARTINS

O 108º livro do autor das séries "OLYMPUS" e "EROTIQUE"

A FONTE DO LIRISMO

TEXTOS, REVISÃO, PROJETO GRÁFICO, DIAGRAMAÇÃO E CAPA:

MARCOS AVELINO MARTINS
(cygnusinfo@gmail.com)

IMAGEM DA CAPA: https://pixabay.com/photos/fontana-4835474

(imagem do Pixabay por Sebastiano Iervolino)

Copyright © 2022 by Marcos Avelino Martins

Direitos autorais reservados. Reprodução parcial ou total dessa obra não permitida sem expressa permissão do autor. A violação dos Direitos Autorais (Lei nº 9.610/98) é crime estabelecido pelo Artigo 184 do Código Penal.

M386

Martins, Marcos Avelino, 1953 -
    A fonte do lirismo / Marcos Avelino Martins – Goiânia-GO

Edição do autor, Junho/2022
120 p.

ISBN: 979-88-37-19833-5

1. Literatura. 2.Poesia. I. Martins, Marcos Avelino. II. Título

CDU:821.134.3(81)-1

Esta obra é inteiramente ficcional. Os personagens são criados a partir da imaginação do autor, e não são baseados em acontecimentos. Qualquer semelhança com situações ou pessoas, vivas ou mortas, é incidental.

Agradeço às inúmeras pessoas que contribuíram com histórias, postagens ou imagens que serviram de fonte de inspiração para alguns poemas desse livro.

Outros livros do autor, todos eles publicados no Clube de Autores e na Amazon, em versão impressa e digital:

001. OS OCEANOS ENTRE NÓS
002. PÁSSARO APEDREJADO
003. CABRÁLIA
004. NUNCA TE VI, MAS NUNCA TE ESQUECI
005. SOB O OLHAR DE NETUNO
006. O TEMPO QUE SE FOI DE REPENTE
007. MEMÓRIAS DE UM FUTURO ESQUECIDO
008. ATÉ A ÚLTIMA GOTA DE SANGUE
009. EROTIQUE
010. NÃO ME LEMBREI DE ESQUECER DE VOCÊ
011. ATÉ QUE A ÚLTIMA ESTRELA SE APAGUE
012. EROTIQUE 2
013. A CHUVA QUE A NOITE NÃO VIU
014. A IMENSIDÃO DE SUA AUSÊNCIA
015. SIMÉTRICAS – 200 SONETOS (OU COISA PARECIDA) DE AMOR (OU COISA PARECIDA)
016. AS VEREDAS ONDE O MEU OLHAR SE PERDEU
017. A MAGIA QUE SE DESFEZ NA NOITE
018. QUAL É O SEGREDO PARA VIVER SEM VOCÊ?
019. OS TRAÇOS DE VOCÊ
020. STRADIVARIUS
021. OS SEGREDOS QUE ESCONDES NO OLHAR
022. ATÉ SECAREM AS ÚLTIMAS LÁGRIMAS
023. EROTIQUE 3
024. OS POEMAS QUE JAMAIS ESCREVI
025. TUA AUSÊNCIA, QUE ME DÓI TANTO
026. OS DRAGÕES QUE NOS SEPARAM
027. O VENTO QUE NA JANELA SOPRAVA
028. EROTIQUE 4
029. A NOITE QUE NÃO TERMINOU NUNCA MAIS
030. AS HORAS QUE FALTAM PARA TE VER

A FONTE DO LIRISMO

Bebi da fonte do lirismo,
E dele minha Poesia foi irrigada,
Irremediavelmente contaminada
Por todo esse romantismo
Que de meus versos agora emana,
Durante toda a semana,
Em doses colossais
Do amor sob todas as formas,
Em versos transcendentais,
Que contrariam todas as normas,
Reveladores, arrepiantes,
Essa avalanche de versos,
Eufóricos, irradiantes,
Distópicos, controversos,
Que se espalham por todos os cantos,
Em todas as bocas, espalhando encantos,
Enchendo os ouvidos
Desse som lírico, encantador,

Que corrompe todos os sentidos,
Com essas tantas histórias de amor...

Vídeo relacionado: **Malcolm Roberts - Love is all**
https://www.youtube.com/watch?v=Cvi5i7uJkC8

OS CAMINHOS DA MEMÓRIA

Os caminhos da memória são tortuosos:

Lembra-se tudo que se queria esquecer,

Esquece-se de tudo que se queria lembrar!

E, nesses caminhos sinuosos,

Nas noites da alma, perde-se o cobertor

Com o qual se queria aquecer,

Ressuscita-se o amor

Que se queria enterrar!

E, nessas veredas perdidas

Entre os recônditos da mente,

Recupera-se lembranças há muito esquecidas,

Esquece-se outras do passado recente!

E assim, vamos seguindo,

Entre amores encontrados e outros perdidos,

Já nem se lembra do amor que foi o mais lindo,

E jaz no limbo, junto a tantos outros vencidos…

Vídeo relacionado: **Cher - The way of love**
https://www.youtube.com/watch?v=9S-2rr6vnLM

GATILHO

Uma doce reminiscência
Atravessou a noite e seu negrume,
E, como não explica a ciência,
Trouxe-me de volta o seu perfume
E reacendeu então um gatilho,
Que há muito se apagara,
E ensinou-me este triste estribilho,
Abusando da rima mais rara...

E aquela paixão antiga,
Que há muito se ausentara,
Inspirou-me esta pequena cantiga,
Que em meus sonhos se insinuara,
E, bem no meio desse gélido inverno,
Ressuscita aquela extinta paixão,
Narrada neste poema que nada tem de eterno,
Sobre um amor que durou somente um verão...

Vídeo relacionado: **Leila Pinheiro - Uma voz no vento**
https://www.youtube.com/watch?v=u9NKShAr2vQ

ENVOLVENTE

Esse teu olhar envolvente,

Incandescente,

Provoca-me arrepios,

Deixa meus lábios frios,

Enquanto sonho com teu calor,

A esquentar-me com ardor,

Em noites *calientes*,

Indecentes,

Corpos um ao outro costurados,

Emaranhados,

Por linhas invisíveis,

Tua boca em meus lábios sensíveis,

Queimando em fogo,

Incendiados por esse jogo,

Ardente, arrebatador,

Que ouvi dizer que chamam de amor...

Vídeo relacionado: **Adele - Make you feel my love**
https://www.youtube.com/watch?v=sPxNpHxzO6c

A CASCA INÚTIL DAS HORAS

Esse tempo veloz,

Que passa correndo,

Devagar vai corroendo

O que resta de nós!

Quando se vê, mais um ano passou,

Os cabelos brancos aumentaram,

Outra ruga aflorou,

Antigos amigos se ausentaram,

A vida perdeu o viço,

Dos olhos, sumiu o brilho,

Mas ninguém tem nada com isso,

Com essa triste canção sem estribilho,

Que queria virar uma sinfonia,

Mas faltaram-lhe inspiração e coragem,

E sobrou somente essa agonia,

Fruto dessa terrível voragem,

Quando se percebe que antigas paixões

Agora são apenas idosas senhoras,

E algumas, tornaram-se conteúdo de caixões,
Essas terríveis cascas inúteis das horas...

Vídeo relacionado: **Lene Marlin - Fight against the hours**
https://www.youtube.com/watch?v=pAXIhocYG5A

<u>APENAS A NOITE</u>

Eu me lembro dela,
Daqueles olhos infinitos
Onde meus sonhos moravam,
A nos amarmos vorazmente,
Naquelas noites sem fim,
Jurando-nos amor eterno,
Que tão pouco durou,
Pois ela foi embora,
E só me deixou a noite...

Vídeo relacionado: **Riccardo Cocciante - Bella senz'anima**
https://www.youtube.com/watch?v=qn5_nnl8mBo

<u>SUBITAMENTE</u>

Subitamente aconteceu,
Você no mundo se perdeu,
Assim, num único instante,
Num átimo tão delirante.

Mas eu acho que sempre soube
Que afinal nunca lhe coube
O papel de protagonista
Em nossa paixão imprevista.

Nem deveria ter começado,
Pois não teria nenhum futuro
E nem mesmo teve passado,

Mas foi bom enquanto durou,
Por isto, jamais nos censuro,
Foi pena que não perdurou...

Vídeo relacionado: **Skank - Sutilmente**
https://www.youtube.com/watch?v=SMXkIhdJPNU

JUNTO COM ELA

Minha inspiração se foi,
Junto com ela,
E nem mesmo foi sepultada,
Apenas apodreceu,
Caiu no chão e morreu,
Sem sequer um suspiro,
Pois vencera seu prazo de validade,
Assim como acontece com os amores,
Mas isto não é justo:
Por que minha inspiração caudalosa,
Da qual nasceram milhares de versos
Sobre aquele amor doentio,
Tinha de morrer junto com a paixão?

Vídeo relacionado: **Riccardo Cocciante - Per lei**
https://www.youtube.com/watch?v=DcpXIyt4w50

<u>VALIDADE EXPIRADA</u>

De repente, joguei no lixo
Minha triste paixão por você,
E não por foi mero capricho,
Mas venceu o prazo de validade,
Embora seja algo que nem se vê,
E pareça ser algo impalpável,
Paixões também expiram,
Vitimadas por uma doença implacável,
Não provocada por vermes
Ou por versos que não inspiram,
Mas um dia, ficam inermes,
Presas dentro de alguma carapaça,
Que se ergueu dentro de um coração,
Provocada por uma doença chamada desdém,
Pela qual até uma grande paixão fracassa,
Assim como um triste poema,
Escrito sem esmero por alguém,

Ao qual faltou um mínimo de inspiração,
E foi rasgado ao final do último fonema...

Vídeo relacionado: **Lee Greenwood - Going going gone**
https://www.youtube.com/watch?v=Np1jibn7Q0M

<u>EXTENUADO</u>

Não sei por que,
Acordo quase sempre extenuado,
Como se tivesse corrido,
Fazendo um esforço tremendo,
A noite inteira sem descansar!
Mas durmo bem, não faz sentido,
Será que esse cansaço é provocado
Porque passo as noites a sonhar,
Em lindos sonhos eróticos que venho tendo,
Em todas as noites, com você?

Vídeo relacionado: **Fernando Perillo - Sempre viva**
<u>https://www.youtube.com/watch?v=69f6aZs5_QM</u>

DE TUA AUSÊNCIA REPLETO

Quando a noite desce,
De tua ausência eu me encho,
Então, essa vontade de você cresce,
E dessa saudade eu me preencho.

E, nesse vazio quase palpável,
Que a noite me evoca,
Sinto uma amargura inefável,
Que esse amor sepulto provoca.

E, às vezes, na noite assustadora,
Enxergo ao longe o teu vulto,
Ouço a tua voz encantadora,
E o som da tua risada escuto.

E, de repente, na noite imensa,
Tudo some, e a estranha magia se desfaz!

Por que a noite tem comigo essa diferença,
De onde vem esse fantasma que ela me traz?

Vídeo relacionado: **Danilo Caymmi - O que a noite faz**
https://www.youtube.com/watch?v=a_CBZGJAQ2g

<u>NENHUM TRAÇO</u>

Da passagem dela por mim
Não restou nenhum traço,
Nenhum objeto, roupa ou pertence,
Fotografias que dela tenha tirado,
Vídeos íntimos que dela tenha gravado,
Nem mesmo algum poema incompleto,
Memórias ou arrependimentos
Por coisas que deveria ter feito por ela,
Ou esperasse que fizesse por mim...
Não me lembro do perfume dela,
De sua flor preferida,
Ou dos pratos que fez para mim,
Nem mesmo se gostei de seus beijos,
Ou de seu desempenho entre quatro paredes,
Nada ficou que me lembrasse dela
Ou de algum rastro que tenha deixado,
Na verdade, quase nada, exceto essa estranha saudade...

Vídeo relacionado: **Taiguara - Hoje**
https://www.youtube.com/watch?v=j614MaIvYXE

<u>DESENLACE</u>

Cada vez que nela eu penso,
Um tornado invade meus pensamentos,
E depois daqueles momentos,
Resta um frio intenso,
E, no rastro daquele turbilhão,
O inverno invade o meu verão,
E, principalmente depois que anoitece,
A amargura em mim permanece,
Pelo vazio de seu lugar na cama,
E uma lágrima de meus olhos derrama,
Descendo implacável,
A rolar, inexorável,
Deixando um sulco em minha face,
Pelo desespero desse desenlace
Daquele amor intermitente, mas tão terno,
Capaz de transformar o verão em inverno...

Vídeo relacionado: **Rodriguez - I think of you**

https://www.youtube.com/watch?v=kgM7WETFrvs

<u>MÚSICA PARA OS OUVIDOS</u>

Sua voz é música para meus ouvidos,
Entorpece os meus sentidos,
Conduzindo-me docemente
Pelos poemas que habitam minha mente,
Extravasando-os, em ondas magnéticas,
Ao embalo de nossas noites frenéticas,
Cheias de beijos, promessas e juras,
E assim nos livramos das ameaças obscuras
Que sobre nós rondam,
Das tristezas sem fim que nos sondam,
E que enfrentamos de mãos dadas,
Nessas noites encantadas,
Ou nos dias mais mágicos,
Que, sem você, seriam trágicos,
Sem os seus doces gemidos,
E seus desejos atrevidos,
Que me dedico a satisfazer,
Em ondas insanas de prazer,

Até que ouço o seu último grito,
Seguido de um arrepio bendito,
Antes de 'boa noite' me dizer,
E em meus braços, feliz adormecer...

Vídeo relacionado: **Van McCoy - Good night baby**
https://www.youtube.com/watch?v=NerUzD8dWQc

DESTINOS NUNCA CUMPRIDOS

Fomos um ao outro destinados,
Mas, por algum descuido de um anjo,
Encarregado de cruzar nossos caminhos,
Ficamos para sempre desencontrados,
Sem nem sabermos daquele divino arranjo,
Reproduzido em antigos pergaminhos,
E através das diversas encarnações realizado,
Mas desta vez, nada deu certo,
Certamente por causa de algum imprevisto,
Provavelmente por distração desse anjo desmiolado,
Porque você não fez jorrar água em meu deserto,
E faz de conta que para você nem existo...

Vídeo relacionado: **Julian Grey - Destiny**
https://www.youtube.com/watch?v=c6rLEFUVSJQ

PAR IMPERFEITO

Não era para ser assim,
Não era para ficarmos até o fim
Nós dois, assim emaranhados,
Um ao outro firmemente atrelados,
Contra todas as hipóteses previstas,
Inventando posições nunca vistas,
Em batalhas incansáveis,
Em noites intermináveis,
Amando-nos até a alvorada,
O seu tudo e o meu quase nada,
Eternamente apaixonados,
O amor a jorrar de ambos os lados,
Um par imperfeito que se completa,
Uma deusa do amor e um poeta...

Vídeo relacionado: **Benedetta Caretta - Unchained melody**
https://www.youtube.com/watch?v=3bFByxQJsic

ALMAS SEPARADAS

Somos lados diferentes de uma moeda,

Um ao outro oposto,

Partes de divergentes conjuntos,

Polos contrários,

Como a noite me segreda,

Desvendando o meu rosto,

Sempre juntos,

Mas eternamente solitários...

Vídeo relacionado: **Pink Floyd - Poles apart**
https://www.youtube.com/watch?v=9UULJAQsOrs

<u>CIÊNCIA INEXATA</u>

Amor é uma ciência inexata,
Cheia de tantas regras complicadas
E comportamentos imprevisíveis,
Que vão se alterando constantemente,

É apenas uma teoria abstrata,
Trazendo alguns tudos e muitos nadas,
Onde se esperam finais impossíveis,
Que se digladiam no fundo da mente!

A equação tem resultado ignorado,
Todas as contas, após conferidas,
Não levam ninguém a lugar nenhum,

O livro caixa jamais foi lançado,
O destino final dessas duas vidas
É ignorado, se existir algum...

Vídeo relacionado: **Danilo Caymmi - Juras**
https://www.youtube.com/watch?v=P7LnFGx12J0

<u>INSULTO</u>

Você me faz tanta falta,
Lembro-me de sua silhueta esbelta,
E o peso de sua ausência me avilta,
Tê-la deixado partir me revolta,
E até meu reflexo no espelho me insulta!

Nem consigo mais olhar minha cara,
Essa imagem que rapidamente se dilacera,
A máscara de alegria que uso é de mentira,
Pois, por dentro, mora uma tristeza assustadora,
Em pleno meio-dia, dentro de mim é noite escura!

A escrever sobre amor, os dias passo,
Fantasiando sobre um novo começo,
Mas como, se você tomou chá de sumiço,
E até uma foto sua provoca-me alvoroço,
Mas quando caio na real, solto um soluço?

Vídeo relacionado: **Snow Patrol - Chasing Cars**
https://www.youtube.com/watch?v=Q4sWLZv01l8

<u>FEROZ</u>

Esse seu olhar feroz
Diz-me coisas que não entendo
E destrói as pontes entre nós,
Expondo um ódio tremendo,
Inexplicável,
Venenoso,
Implacável,
Perigoso,
Como se fôssemos oponentes,
E não antigos amantes,
Com memórias sempre presentes
Daquelas noites insinuantes,
Trocando fluidos e juras
Entre beijos e gemidos,
Naquelas loucas aventuras,
Liberando nossos sentidos,
Praticando posições nunca vistas,
Inventadas no calor daquelas horas,

Jamais imaginadas nos sonhos mais otimistas,
Atravessando madrugadas e auroras,
Explorando de você cada detalhe,
Por isto, como entender que esse ódio insano
De seu olhar simplesmente exale,
Como se você fosse deusa, e eu, simples humano?

Vídeo relacionado: **Joanna - Tua fera**
https://www.youtube.com/watch?v=6qRdpRZW-QE

O ESPÍRITO INDIANO DO NADA

O espírito indiano do Nada
Ocupou o seu lugar em meu peito,
E agora, em toda madrugada,
Fico olhando para o lugar vazio no leito,
Esperando que você volte,
Mas em vão,
Ou então que a tristeza me solte,
Só que não!
Já tentei de tudo para esquecê-la,
Mas foi inútil, é impossível,
Não sei o que faria para revê-la,
Para acabar com essa saudade indizível!
E, com lembranças por todos os lados,
Vamos seguindo assim,
Pelo resto da vida dissociados,
Você longe, mas sempre dentro de mim...

Vídeo relacionado: **Michael Hirschmann - Nothing would matter**

https://www.youtube.com/watch?v=9ggM3VXqTn8

O OLHO DO FURACÃO

Esse furacão que nos arrastou
Num negro vórtice desesperado
De nossas almas o amor separou,
Relegando a ilusão ao passado.

Meu coração nunca mais te olvidou,
Mas do olho do furacão nada escapa,
Por isto o amor lá dentro ficou,
Do Batman, não me restou nem a capa!

Todos os meus lindos sonhos morreram,
E nesse limbo sem nome ficaram,
Mas meus olhos nunca mais te esqueceram,

Meus versos de amor te eternizaram,
E neles, com a saudade romperam,
Cantando feridas que nunca saram...

Vídeo relacionado: **Etta James - Stormy Weather**
https://www.youtube.com/watch?v=Amg0xY4dkU8

<u>SE ALGUM DIA</u>

Se algum dia eu te esquecer,

Perdoe-me, terá sido um acidente

Que eu de repente sofrer,

Provocando uma pane em minha mente,

Ou então, por um reflexo tardio

De alguma sinapse perdida,

Cuja sanidade está por um fio,

Irresistivelmente contaminada

Pelo peso dos anos,

Como acontece aos humanos

Em sua reta final,

E que, por algum dano fatal,

Terá entrado em colapso,

E provocado esse lapso

Lamentável,

Imperdoável,

Desastradamente atroz,

Porque, se assim não fosse,

Como apagar a lembrança de teu beijo doce,
Como poderia algum dia esquecer de nós?

Vídeo relacionado: **Nathan Jones - Forget**
https://www.youtube.com/watch?v=8xUgcMHX21M

PRAZO

Quando nos cruzamos, por acaso,
Percebi num instante
Que jamais te esquecera,
Mas já se esgotou o meu prazo,
Mesmo assim, fiquei hesitante
Pois o meu visto vencera,
E fiquei olhando para tua face,
Estranhamente impávido,
Como se não acreditasse
Que ainda estivesse tão ávido
Por teus beijos lendários,
E teus abraços fogosos
Em nossos encontros incendiários,
E a delícia de teus tantos gozos
Dos quais jamais me esqueci!
E, no momento em que te reconheci,
Fiquei a te olhar sem consolo,
Mas, quando a sorrir me olhaste,

Como se eu fosse a cereja do teu bolo,
Minha parca resistência derrubaste,
E, neste quebra-cabeça, surgiu a última peça,
Desaparecida por tempo demais,
Mas onde foi parar a inútil promessa
De que não voltaríamos jamais?

Vídeo relacionado: **Paul Mc Cartney & Eric Clapton - Something**
https://www.youtube.com/watch?v=Xl-BNTeJXjw

<u>SÓ UM TERÇO</u>

Um terço de mim
Ainda te quer
(Mas o restante
Quer apenas distância)
Chegamos ao fim
Sem remorso sequer
Já foi o bastante
Chega da tua beligerância
Não te quero mais
(Só de vez em quando)
Apenas me arrependo
De tantas noites em claro
Em nossos jogos carnais
Loucamente nos amando
Mas hoje enfim compreendo
Que essa paixão que mascaro
Já deu o que tinha que dar
Já demos o último passo

A estrada para nós terminou
Estou farto de desilusão
E essa tristeza em nosso olhar
Quando trocamos o último abraço
Será que significa que tudo acabou
Ou apenas que mal começou a paixão?

Vídeo relacionado: **Light Reflections - Tell me once again**
https://www.youtube.com/watch?v=noQ5hWtYbpA

<u>DE CONSEQUÊNCIAS</u>

Todo ato que se pratica

Produz consequências,

Alguns, apenas ventos brandos,

Outros, tempestades terríveis...

Mas desta vez, tudo indica

Que essas nossas indecências,

Onde obedeço aos teus comandos,

Arriscando posições quase impossíveis,

São daqueles atos incríveis,

Dos quais jamais nos arrependeremos,

Mesmo que pareçam até condenáveis...

Mas, ainda que durem somente um verão,

E depois disto, invisíveis

Um ao outro para sempre fiquemos,

Aquelas lembranças são inapagáveis,

E em nossas mentes para sempre viverão...

Vídeo relacionado: **I Pooh - Tanta voglia di lei**
https://www.youtube.com/watch?v=cbjx3VIlooY

<u>PERSEGUIÇÃO</u>

A lembrança dela me persegue,
Por muito que eu negue,
E fica aqui me rondando,
Não sei até quando!
Meu cérebro é meio maluco,
(Por isto sempre me machuco)
E diverte-se fazendo-me sofrer,
Mesmo sem uma palavra dizer
(Pois aprendi a sofrer calado),
Tenho um retrato dela estampado
No fundo de minhas memórias
(Quantas lindas histórias
Dela eu guardo!),
Reminiscências desse pobre bardo,
Que se diverte escrevendo
Sobre extintos amores que vou descrevendo,
Não sei até quando, enquanto vida me reste
(E, quem sabe, até no reino celeste)!

Vídeo relacionado: **Janis Joplin - Maybe**
https://www.youtube.com/watch?v=16LVo9npBTQ

<u>BOSQUE</u>

No bosque vizinho,

Há vida abundante,

Diversificada,

Que admiro enquanto caminho,

Essa fauna exuberante,

Ante minha vista maravilhada,

Tantas pessoas apressadas,

Alguns casais, muitas outras solitárias,

No ar puro cultivando saúde,

Para depois seguirem em suas jornadas,

Algumas tristes, outras extraordinárias,

Admirando a Natureza, em sua plenitude,

Durante as suas caminhadas,

Rindo dos macacos roubando comida,

Maravilhando-se com os bem-te-vis, beija-flores,

Araras azuis, sempre aos pares,

Todo o esplendor da vida,

A explodir em tantas cores,
Debaixo dos mais lindos luares...

Vídeo relacionado: **Chico Buarque - Até pensei**
https://www.youtube.com/watch?v=UZJzn-Iip-A

TRIDENTE

Não sei quantos portais atravessaste
Ou quantos mundos através do espelho
Até chegares à minha frente
Nem quantos infernos cruzaste
Até surgires com esse vestido vermelho
Que esconde teu invisível tridente

Esse teu olhar enfeitiçante
Que me roga múltiplos feitiços
Não faz contra mim nenhum efeito
Um antídoto contra ti tomei num instante
Não cairei em teus pântanos movediços
Não me encanta o teu corpo perfeito

Mas devagar te aproximas a encarar-me
Então magia emerge de teu sorriso faiscante
Um olhar hipnótico brota de teus olhos de jade
Subitamente dispara em minha mente um alarme

E tarde demais percebo que serei teu amante
Preso em tuas armadilhas por toda a eternidade

Vídeo relacionado: **Roberta Flack - The first time ever I saw your face**
https://www.youtube.com/watch?v=XJRk4b3aaZY

<u>VÓRTICE</u>

Poetas extraem versos
Das coisas mais básicas!
No vórtice dos multiversos
Que habitam suas mentes polifásicas,
Tudo vira Poesia,
Até o que não deveria...

Vídeo relacionado: **Peppino Gagliardi - Come le viole**
https://www.youtube.com/watch?v=ZOVvwPlMPFk

<u>SELVA DE CONCRETO</u>

Essa selva de concreto
E lágrimas
Que nos rodeia
Onde uma multidão
Disputa espaços
Nas ruas e nas vidas
Tentando sobreviver
Em casas humildes
Ou edifícios imponentes
Que beiram as nuvens
Nos quais famílias convivem
Algumas cheias de ilusão
Outras tantas de desespero
São o retrato do mundo hoje
Onde há humanos demais
E cada vez menos outras espécies
Verdadeiros sobreviventes
À nossa sanha assassina

Que um dia destruirá
Este insólito planeta
Cheio de belezas indizíveis
E de miséria humana
Onde vamos sobrevivendo
Aos trancos e barrancos
Até chegar o dia inevitável
Em que algum ditador com Alzheimer
Aperte o botão que destruirá o planeta

Vídeo relacionado: **Loreena McKennitt - The dark night of the soul**
https://www.youtube.com/watch?v=fzHeT-Go4Zg

<u>FASCÍNIO</u>

Esse doce fascínio
Que exerces
Sobre meu corpo em declínio
Abala os meus alicerces
Causando-me anseios
De dormir sobre teus seios
Depois de me enroscar em tuas pernas
Em delícias tão ternas
Até romper a madrugada
Numa noite encantada
Entre sussurros e murmúrios
Prometendo outras noites inesquecíveis
Mesmo que sejam perjúrios
Mas encerrando esses momentos incríveis
Com um último beijo antes que amanheça
Para que nunca mais de ti eu me esqueça

Vídeo relacionado: Nat King Cole - Fascination
https://www.youtube.com/watch?v=9tQFJVixsQ8

TUDO O QUE HÁ

Tua ausência é tudo o que há,
Já mal me aguento de pé,
Quem me dera se estivesse aí,
Porque, estando longe de ti, causo dó,
Pois nunca mais encontrei alguém como tu!

Já me cansei dessas minhas noites tão más,
Durmo bem pouco, há mais de um mês,
Sou um náufrago nessas noites vis,
Irremediavelmente lembrando de nós,
A pensar em nossos corpos nus!

Minha alegria há muito ficou para trás,
Já esqueci até como contar até três,
Minha sanidade está por um triz,
Contabilizo muito mais contras do que prós,
Não aguento mais carregar essa cruz!

Vídeo relacionado: **Lifehouse - You and me**
https://www.youtube.com/watch?v=27nHtyAeiUU

<u>DAMA DE COPAS</u>

Irei te perguntar se topas
Ser a minha dama de copas
E eu o teu rei de espadas
Em exóticas madrugadas

Ao longo de horas insones
Juntando vidas e telefones
Despertando nossa libido
Em confissões ao pé do ouvido

Onde liberes tua devassidão
E eu minha perdida paixão
E depois de noites assim

Digas estar a fim de mim
Quando sobre teu corpo espalho
Amor no erótico baralho

Vídeo relacionado: **Sting - Shape of my heart**
https://www.youtube.com/watch?v=A9W1aZu5Pc0

MEMÓRIAS DE NUNCA

Conte-me algumas memórias de nunca
Ou de lugar nenhum,
Fatos engraçados vividos em alguma espelunca,
Se você se lembrar de algum.

Faça-me dar risadas sem qualquer motivo,
Apenas por estarmos tão perto.
Faça-me sentir que ainda estou vivo,
Mesmo meu coração tendo virado um deserto.

Olhe-me uma única vez, com fogo no olhar,
Como se eu despertasse a sua libido,
Chegue perto, como se fosse me beijar,
Mesmo que essa vontade não tenha sentido.

Por esta noite apenas,
Arranque-me algumas risadas gostosas,
Encoste em mim suas pernas morenas,

Com suas coxas grossas, assombrosas.

Flerte comigo, como se lhe interessasse,
E não fosse apenas um poeta divertido,
Chegue perto da minha a sua linda face,
Como se nessa noite me houvesse escolhido.

Chegue perto dos meus os seus lábios,
E roce na minha a sua boca macia,
Chute para o alto a prudência que herdei dos sábios,
Seja a próxima musa de minha Poesia.

E, ao final de uma noite plena,
Onde tenhamos ignorado todas as convenções,
Eternize em minha mente uma erótica cena,
Onde minha Poesia a tenha libertado de seus grilhões...

Vídeo relacionado: **Michael Bublé - The way you look tonight**
https://www.youtube.com/watch?v=yDh4GC7n0ig

<u>QUANDO A NOITE CHEGA</u>

Às vezes, quando a noite chega,
E a Lua no céu se aconchega,
Fantasmas egressos do passado
Assombram esse velho sobrado,

Cobrando deste poeta respostas
Para suas fraturas expostas,
E sob esta sinistra ribalta,
Sob esta Lua cheia, bem alta,

Fazem-me complicadas perguntas,
Rangendo enferrujadas juntas,
E, arrastando as suas correntes,

Soltam gritos altos e estridentes,
Perguntam, em atrozes gemidos,
Por qual razão foram esquecidos...

Vídeo relacionado: **Cliff Richards - Miss you nights**
https://www.youtube.com/watch?v=8Xnn2_OzLgE

DAS BRUMAS

Emerjo das brumas,
Em modo supersônico,
E divirto-me, aprontando algumas
Travessuras em aparelhos eletrônicos,
Confundindo sons,
Calando vozes neuróticas,
Deliciando-me com bombons,
Ouvindo vozes hipnóticas
Que me desafiam
A escrever sobre paixões,
Mais ardentes do que seriam
Se não virassem turbilhões,
No fundo dos quais eu me agito,
Inventando rimas em profusão,
Sobre um pretenso amor infinito,
Que não passou pelas regras de meu coração,
Que já se acostumou com essas normas,
Que estabelecem rígidos protocolos

Sobre amores de todas as formas,
Que geram menos sorrisos do que torcicolos,
E ao fim dos quais geram um nó na garganta,
Aqueles soluços que se perpetuam,
Numa tristeza que se agiganta,
Por causa das tristezas que continuam...

Vídeo relacionado: **Boyce Avenue & Connie Talbot -
Everything I do (I do it for you)**
https://www.youtube.com/watch?v=KUAswQNA9hE

<u>PERFEIÇÃO</u>

A perfeição existe,

E acabei de encontrá-la,

Sorrindo para mim,

Como se eu fosse

A última cereja da torta

Mais gostosa da confeitaria,

Com aquele olhar guloso,

Que não deixava margem

A qualquer erro de interpretação!

Aproximei-me, devagar,

A lhe sorrir também,

E, ao chegar mais perto,

Pude perceber,

Que fora esculpida

Pelo mais perfeccionista dos deuses,

Uma verdadeira obra-prima

De carne e ossos, escultural,

Com aquele olhar tantalizante!

Esfreguei os olhos,

Mas quando os abri,

Ela continuava a me fitar,

Com aquele mesmo sorriso

Demolidor,

Um destruidor de muros

E resistências,

Se é que isto pudesse acontecer

Com aquela beldade,

Inexplicável...

Ao chegar perto,

Perguntei-lhe seu nome,

Só por desencargo de consciência,

Mas eu já sabia a resposta,

Só podia ser ela, Afrodite,

A mais sedutora das deusas,

Que tinha vindo a este mundo

Somente para arrebatar

Para seu mundo enfeitiçado

O mais apaixonado dos poetas,

Que a descrevia em versos,
Mesmo antes de conhecer
A sua beleza divinal...

Vídeo relacionado: **Ed Sheeran - Perfect**
https://www.youtube.com/watch?v=2Vv-BfVoq4g

ADORAÇÃO CANINA

Esse olhar de adoração
Que vejo em minha cachorra,
Sempre a me acompanhar
Por todos os cantos da casa,
Deitando-se em meus pés quando me sento,
Ganindo de ciúmes quando alguém me abraça,
Seguindo-me por todos os lugares,
Acompanhando-me com o olhar amoroso,
Eternamente a implorar-me carinho,
Ais pés da cama, quando acordo,
Esperando pelo carinho matinal,
Para depois lamber-me as mãos e os pés,
Com o mesmo olhar suplicante
Com que me fita o tempo inteiro.
Pergunto-me como pode haver tanto amor
Num coração tão pequenino?

Vídeo relacionado: **Isabelle Boulay - L'amitié**
https://www.youtube.com/watch?v=Wu9m7cVKK2o

ARRASTE-ME

Arraste-me com você para o mundo lá fora,
Teste-me amorosamente, por onde for,
Encante-me com suas risadas fora de hora,
Esquente-me, com esse seu profundo amor.

Ame-me, nos lugares mais inusitados,
Divirta-se se houver pessoas olhando,
Delicie-se, depois de cometermos esses pecados,
Ria-se de meu espanto, externe o seu prazer
gargalhando.

Beije-me muito, cada vez que eu a vejo,
Ensine-me as delícias sem fim de transar,
Abuse-me, sempre que tiver desejo,
Ignore-me, se algum dia eu me escandalizar.

Fale-me, de seus desejos sempre às claras,
Toque-me, sempre que tiver vontade,

Peça-me para satisfazer todas as suas taras,
Ligue-me todas as vezes em que sentir saudade...

Vídeo relacionado: **Demis Roussos - Follow me**
https://www.youtube.com/watch?v=5T29ZVO4IrU

GLACIAR

Esse enorme glaciar
Residente em seu olhar
Quando me fita
Com essa frieza infinita
Minhas entranhas congela
E meu coração enregela
Deixando-me sem eira nem beira
Meu coração a bater numa geladeira
Devorado pelos monstros em tuas pupilas
Que secam minhas águas antes tranquilas
Mais gelado do que um picolé
Um náufrago afogado em sua maré
Evitando adquirir desprezo por contágio
Tentando sobreviver a um triste naufrágio

Vídeo relacionado: **Lara Fabian - Adagio**
https://www.youtube.com/watch?v=NAWQxIq-9-Q

<u>ÁGUA FRESCA</u>

Mata minha sede gigantesca
De amor
Com tua água fresca
Com o doce sabor
De teus lábios macios
A preencheres os vazios
Dessa estranha dicotomia
Entre a realidade e a Poesia
E ao final desse tratamento
Terei então me curado
Desse tormento
Que assombra meu passado
Dessa enorme carência
Esse pesadelo sem fim
Provocado pela tua ausência
Pois segues ainda distante de mim

Vídeo relacionado: **Peter Skellern - You're a lady**
https://www.youtube.com/watch?v=2Ws9cvUc7RA

FEROZES CONSTRUTOS

Pensava que eu era feliz
(Ou ao menos parecia)
Até a vida resolver me enganar
Com esse simulacro de felicidade
Escapei por um triz
(Sob as bênçãos da Poesia)
Mas não encontrei mais no *Google Drive* o lugar
Onde arquivei o *backup* da minha sanidade
E agora fica essa estranheza
Rondando os meus dias:
Meus dedos divertem-se
A escrever poemas de amor
Mas neles reside a tristeza
Que permeia minhas noites sombrias
Onde os meus sonhos pervertem-se
Em ferozes construtos de um pesadelo assustador

Vídeo relacionado: **Don McLean - Vincent**
https://www.youtube.com/watch?v=vw9d3YlysS0

<u>NUVENS NEGRAS</u>

Nuvens negras se acumularam
No céu cinzento,
No qual o Sol se escondeu,
E ameaças sinistras formularam
Naquele dia sangrento,
No qual o amor que eu tinha morreu...

Naqueles *cumulus nimbus*
Que desaguaram numa tarde triste,
Instalando uma amargura atroz,
Paraísos esconderam-se em limbos,
Onde a solidão agora é tudo que existe,
E mudou até o timbre de minha voz...

Por trás dessas nuvens oculto,
O céu que antes brilhava se calou,
A manhã transmutou-se em sucessivas madrugadas,
Ao longe, perdeu-se devagar o seu vulto,

E logo depois, a escuridão apagou
Todos os rastros de suas pegadas...

Nem me lembro do que sucedeu depois,
Quando dei por mim, haviam se passado vários dias,
Levei um susto quando olhei no calendário,
Aquele triste domingo sepultou a lembrança de nós dois,
Junto com todas aquelas antes tão lindas fantasias,
Rasgadas pelo relógio que começou a girar ao
contrário...

Vídeo relacionado: **David Gates - Clouds**
https://www.youtube.com/watch?v=aHYxF1ntpgg

<u>PÁLIDA LEMBRANÇA</u>

Aquilo que tenho de você
É só uma pálida lembrança,
Principalmente quando acordo,
Já nem recordo seu sobrenome,

Mas, não sei muito bem o porquê,
De seus beijos ainda recordo,
E também dessa sua fala mansa,
Assim como de sua imensa fome

E daquelas suas perversas sedes,
Em algumas noites memoráveis,
Passadas entre quatro paredes,

Mas que tão pouco tempo duraram,
Memórias poucas, indecifráveis
De minhas noites jamais se apagaram...

Vídeo relacionado: Monica Mancini - Remember
https://www.youtube.com/watch?v=SqskOFb_06k

<u>SENTIMENTOS PROSCRITOS</u>

Enxerguei em você o que não havia,
Confundi com amor o seu desejo,
Pensei ser paixão o que você sentia,
E, tarde demais, com clareza vejo

Que o que você queria era sexo,
Outro sentimento estava ausente,
Quando via no espelho nosso reflexo,
Lá, a satisfazer-nos mutuamente,

Sem deixar entre nós nenhum espaço,
Naquelas noites de beijos e gritos,
E agora, que acabou, sinto-me lasso,

Lembrando-me de momentos benditos,
Lágrimas brilhando num olhar baço,
Enterrando sentimentos proscritos...

Vídeo relacionado: Leonard Cohen - If it be your will
https://www.youtube.com/watch?v=FkEYkUxdhcU

VASTIDÃO

Estava uma noite pensando
Nos mistérios da imensidão,
Na impensável vastidão
Dos Multiversos
Que me inspiram tantos versos,
E então ouvi uma Voz segredando:
"Meu filho, aproveite essa inspiração
Que Eu te dei de presente
Para escreveres uma canção
Que se espalhe como uma corrente
Por todas as almas ao redor,
E que todos conheçam de cor,
Pois este será o teu legado,
Quando morreres, teus versos terão se espalhado
Por todas as partes,
Inspirando os homens e as Artes,
Divulgando as palavras divinas,
Pois com teus versos ensinas

Que o Amor é a minha própria voz,
Que se espalha como uma semente por vós...

Vídeo relacionado: **Bryan Adams - Heaven**
https://www.youtube.com/watch?v=D6sJcoqhZU0

<u>DARDOS NO OLHAR</u>

Dizem que o amor
É um sentimento opressor
Que mal nos deixa respirar
Pois carregamos dardos no olhar
Destinados a penetrarem
Em almas desavisadas
E de repente nelas se insinuarem
Em forma de emoções descontroladas
Que provocam sobressaltos
E corações acelerados
Oscilando entre baixos e altos
Tomados por sentimentos diversos
Seja sob a forma de paixão
Ou de impulsos perversos
Desejos incontroláveis
Aspirações jamais desvendadas
Sonhos inexplicáveis
Fantasias jamais reveladas

Com alguém que nos ignora
Sem nem notar os insondáveis olhares
Que aos dela se atracam fora de hora
Deixando rastros em todos os lugares

Vídeo relacionado: **Kenny Rogers - Lady**
https://www.youtube.com/watch?v=vF3n3_hpy4w

DIVIDINDO-ME

Através das estações,
Divido-me, meio a esmo,
Em indecifráveis versões
De mim mesmo...

Vídeo relacionado: **Roberto Carlos - Simples mágica**
https://www.youtube.com/watch?v=AgZqdxxhXVA

THE LAST NIGHT OF LOVE

We only have one night
To live our love,
Then, we'll will go in opposite directions,
And we'll never see each other again...

It's so little time, so many sorrows,
Then a winter with all the rigor,
For a beautiful love buried in the past,
Whose memory will never die...

It's so hard to get to that crossroads,
And having to choose between love and sadness,
Knowing that all roads lead to nothing,
When the river runs against its own current!

In one night, we'll live a lifetime,
Of which the memories will remain,
And when the dawn throw us into madness,

The scars will remain on our skins...

It could just be a joke,
Life making fun of our hearts,
A hurricane that turned into a light wind,
We could just be happy...

On this last night, throw yourself into my arms,
Forget the shackles, undress your modesty,
Leave your traces on my thirsty body,
Press your chest tightly against mine...

Let's make every minute count,
And forget the agonizing rush of hours,
Let us disarm ourselves, in our last stronghold,
Before the saddest of dawns arise...

Then the wind will blow away all the leaves,
And we will embitter the cruelest kind of longing!

Life brings us some simple choices,
But others just hurt for all eternity...

Vídeo relacionado: **Taylor Swift - Last kiss**
https://www.youtube.com/watch?v=uVoqE8Vk__4

ÍNDICE

ÍNDICE ALFABÉTICO

ÍNDICE DE VÍDEOS

COMENTÁRIOS DE OUTROS ESCRITORES SOBRE POEMAS DESTE LIVRO:

Odete Moreira Lima: Maravilhoso! Lindo seu versar, parabéns!
Andrea Aparecida: Belíssimo.
Jorge Andrade: Magnífico!
Vanessa Lima: Maravilhoso escrito.
Nadja Silva Sánchez: Belíssima inspiração. Aplausos!
José M. Ferreira: Fantástico.
Inacia Maria: Fantástico!
("A FONTE DO LIRISMO")

José M. Ferreira: Fantástico. Bravo!
Vanessa Lima: Fabuloso.
("BOSQUE")

Nadja Silva Sánchez: Perfeito!!!
Vanessa Lima: Fabuloso.
José M. Ferreira: Fantástico soneto.
Inacia Maria: Excelente publicação!
("DAMA DE COPAS")

Jorge Andrade: Fantástico nobre poeta.
Inacia Maria: Qua maravilha!!!

José M. Ferreira: Fantástico, estimado poet'amigo.
Nadja Silva Sánchez: Fabuloso.
Vanessa Lima: Fabuloso escrito.
(**"DE TUA AUSÊNCIA REPLETO"**)

Nadja Silva Sánchez: Uau... Show... Lindo e profundo escrito!!!
Jorge Andrade: Magnífico, nobre poeta.
Inacia Maria: Excelente publicação!
Vanessa Lima: Que maravilha!!!
(**"GATILHO"**)

José M. Ferreira: Intenso e belissimamente poetizado, nobre poet'amigo.
Vanessa Lima: Fabuloso.
Jorge Andrade: Magnífico, nobre poeta.
Nadja Silva Sánchez: Esplêndido!!!
Inacia Maria: Fabuloso.
(**"INSULTO"**)

Marisa (a)Penas: Um lindo soneto.
José M. Ferreira: Fantástico soneto.
Nadja Silva Sánchez: Uma admirável, magnífica publicação!
Vanessa Lima: Belíssimo.

Inacia Maria: Excelente publicação!
("O OLHO DO FURACÃO")

Ana Maria Taveira Miguel: Magnífico, inspirado!
Nadja Silva Sánchez: Excelente
Inacia Maria: Magnífico!
José M. Ferreira: Belíssimo, nobre poet'amigo.
("OS CAMINHOS DA MEMÓRIA")

José M. Ferreira: Excelso e exímio versejar.
Inacia Maria: Excelente publicação!
Vanessa Lima: Show, parabéns.
Nadja Silva Sánchez: Show.
Jorge Andrade: Belíssimo versar, nobre poeta.
("PAR IMPERFEITO")

Gilsa Dias: Show!!
Nadja Silva Sánchez: Que maravilha!!!
Vanessa Lima: Magnífico.
José M. Ferreira: Fantástico.
Inacia Maria: Que maravilha!!!
("TRIDENTE")

SOBRE O AUTOR

Engenheiro Eletricista pela Universidade de Brasília por formação, Analista de Sistemas por opção, poeta por destino, casado, 2 filhos e 1 neto, apreciador de boa música, cinema, literatura, HQs, seriados e amigos (não necessariamente nesta ordem).

Participante das antologias:

• **"Declame para Drummond 2012"** (2012), com o poema **"Máscaras"**;

• **Antologia 2015 – Literatura Goyaz"** (2015), com os poemas **"Os oceanos entre nós"** e **"Morpheus"**;

• **"Desafio"** (2016), com os poemas **"Finito","De solidão e de sonhos"** e **"Olhar"**;

• **"Dez Poetas e Eu   Vol. 3"** (2016), com os poemas **"Átimo"**, **"Diário"**, **"Julgamento"**, **"Roleta russa"**, **"Buracos negros"**, **"Paronímia"**, **"As últimas gotas de orvalho"**, **"Repositório"**, **"Simplesmente você"** e **"Quando eu te conheci"**; e

• **"Raiz da Poesia"** (2017), com os poemas **"Os segredos que escondes no olhar"**, **"Borboleta"**,

"Autópsia", "La nuit", "O tio da suspeita", "Aldebaran" e "Os sons do silêncio".

Links dos livros:

- Clube de Autores:

- Amazon:

Homenageado com uma seção na página do **Templo Cultural Delfos**, relicário da Literatura, com 50 poemas.

__MULTIMÍDIA__:

•   Ao final de cada poema, há um código de barras apontando para um belo vídeo do Youtube. Basta abri-lo com um aplicativo de celular ou *tablet*, como o *QR Code Reader*. A *playlist* completa está no link abaixo.

www.ingramcontent.com/pod-product-compliance
Lightning Source LLC
Chambersburg PA
CBHW012026110726
47995CB00005B/1139